# *Mujeres*

## *del*

# *Antiguo Testamento*

**Gladys Hunt**

**Ediciones Crecmiento Cristiano**

© 1993 **Ediciones Crecimiento Cristiano**
Título: Mujeres del Antiguo Testamento
Autor: Gladys Hunt
Primera edición: 1993
Esta edición actualizada: 2010
ISBN: 950-9596-52-3
Clasificación: Estudio bíblico

Originally published by InterVarsity Press as
Women of the Old Testament
by Gladys Hunt
© 1990 by Gladys Hunt
Translated by permission of InterVarsity Press, P.O. box 1400,
Downers Grove, IL 60515, USA
ISBN 0-8308-1064-1 InterVarsity Press. (edición original)

Ediciones Crecimiento Cristiano
Córdoba 419
5903 Villa Nueva, Cba.
Argentina

oficina@edicionescc.com
www.edicionescc.com

Traducción al castellano: Deborah Young

IMPRESO EN ARGENTINA                                         **VM2**

## Indice de temas

Un retrato de la excelencia.

# Introducción a las Mujeres del Antiguo Testamento

¿Por qué estudiar las mujeres del Antiguo Testamento? Si esa idea pasó por tu mente cuando abriste esta guía, puedo simpatizar con tu reacción. Sentí lo mismo cuando me pidieron que escribiera la guía. Espero que tengas la misma sorpresa agradable que tuve yo cuando comencé a examinar con más cuidado estas mujeres. Aunque parezcan muy lejanas en el tiempo, sus vidas son sorprendentemente actuales.

Una de las lecciones básicas que aprendemos de la vida de cada mujer es que el principio de causa y efecto es una constante. Una fe simple da como resultado el cuidado de Dios. Vivir alejado de lo que uno sabe es la verdad de Dios trae el desastre. La acción correcta en el momento de crisis demuestra la valentía que honra a Dios. Creer en Dios contra toda esperanza comprueba su fidelidad. Las realidades de la vida que forjan un carácter firme o débil son las mismas hoy que en aquel tiempo.

Una segunda observación es que esas mujeres tenían una libertad de acción sorprendente. Nuestra tendencia es pensar que las mujeres del Antiguo Testamento vivían sometidas, en una patriarquía donde tenían muy pocos derechos. Sin embargo, sean cuáles sean sus limitaciones, tomaron decisiones, actuaron en beneficio de otros, ayudaron a sacar personas de su esclavitud, se atrevieron a creer en Dios para la liberación, viajaron, oraron, tomaron iniciativa y salvaron a una nación entera. ¡Formaron un grupo extraordinario!

La tercera observación es que estas mujeres, en su mayoría, eran personas comunes y corrientes. No llamarían la atención en ningún historiador, salvo en la historia de Dios. Es que no hay personas sin importancia en los proyectos de Dios. El hecho mismo de que Dios haya guardado sus historias para nuestro aprendizaje es una indicación de lo que él considera importante.

Algunas de las elecciones y decisiones que tuvieron que enfrentar estas mujeres, son las mismas que han tenido que enfrentar vez tras vez en la historia de la humanidad. Satanás ensayó su estrategia con la primera mujer, y cuando descubrió que funcionaba, la ha utilizado repetidas veces. En resumen, logró que dudara de que Dios realmente buscaba lo mejor para ella. Sara tomó las circunstancias en sus propias manos porque se cansó de esperar a Dios. María, insegura de su propia posición, comenzó a criticar al liderazgo y pagó caro por ello. ¿Estos ejemplos te hacen recordar algo de tu propia vida?

Seleccioné las mujeres incluídas en esta guía, porque encontré suficiente material bíblico para armar un estudio inductivo para la discusión en grupos. Muchas otras merecen tu estudio. Acerca de algunas encontramos solamente unos pocos versículos, pero hay suficiente material para dar una idea de su valentia, agresividad, actuación decisiva o fe.

En el proceso de preparar esta guía, aprendí muchas cosas que satisfacieron mi curiosidad intelectual: datos acerca de la cultura bíblica, su geografía y su historia. Sin embargo, lo mejor que aprendí provino de las vidas personales de estas mujeres. Las elecciones que hicieron me desafiaron; las lecciones que aprendieron tenían una aplicación directa en mi propia vida; su fe y alabanza me inspiraron. Al conocer a estas mujeres, espero que tengas este mismo crecimiento en tu vida espiritual.

# I
## Génesis 3:1-13

### *La primera mujer: Una decisión de largo alcance*

**E**l tentador nunca nos susurra: "venga, le enseñaré a pecar". Si nos tentara de esa forma, reconoceríamos inmediatamente su estrategia y nos declararíamos en su contra. En lugar de eso, nos dice: "ile quiero ofrecer una experiencia fascinante! iNo quiero que pierda lo que la vida le ofrece!" El siempre viene con un disfraz, y puede hacerse totalmente el piadoso, hasta el punto de citar las Escrituras si esto le sirve a sus propósitos. Cuando le conviene, hasta discute acerca de Dios.

Satanás sabía cuál era la cuestión cuando se acercó a la primera mujer. Si sólo podría convencer a Eva que su plenitud personal estaba en peligro, entonces podría restarle importancia a las instrucciones de Dios. La animó a realizar una elección que iba en contra de la comprensión que ella tenía de la verdad. Las consecuencias trágicas nos revelan que es una ilusión tanto para Eva como para nosotros pensar que existan alternativas sin posibles consecuencias negativas.

Los detalles de la caída nos suceden vez tras vez en las situaciones de nuestra propia vida.

---

1   ¿Te has preguntado alguna vez si Dios no te está privando de algo bueno? Explica cuáles podrían ser algunas de estas cosas.

**2** Lee Génesis 3:1-13. Para entender el contexto de este pasaje, lee Génesis 2:8-23. ¿Cómo te imaginas la calidad de vida en el jardín?

**3** La forma que utilizó la serpiente para acercarse a la mujer fue mediante una conversación acerca de Dios. ¿Qué dudas hace surgir en su mente?

➤ ¿Por qué chocan estas ideas con el verdadero carácter de Dios?

**4** Compara la respuesta que dio la mujer a la pregunta de la serpiente (vv 1-3) con la instrucción original de Dios en 2:17. Según tu parecer, ¿por qué Eva habrá ampliado la consigna?

➤ ¿Alguna vez has hecho lo mismo? Explica.

---

**5** La primera acción de la mujer (v.6) fue re-examinar el árbol bajo la nueva luz dada por la serpiente. ¿Qué es lo que ella vio?

---

**6** ¿Creía la mujer que hacía algo malo al tomar esa fruta? ¿Por qué?

---

**7** ¿Qué había de malo en su manera de pensar?

---

**8** ¿Cuáles fueron las consecuencias inmediatas de su acción?

**9** ¿Cuál fue la estrategia de la serpiente, que cambió eficazmente las relaciones interpersonales en el jardín de Edén?

**10** Aunque las relaciones interpersonales en el jardín de Edén fueron inmensamente alteradas, ¿qué evidencia de la gracia de Dios ve en estos versículos?

**11** Fueron solamente un árbol y una fruta. ¿Qué nos enseña la experiencia de Eva en cuanto a las consecuencias de largo alcance que pueden tener nuestras elecciones?

**12** ¿Cómo nos puede preparar para las elecciones de la vida el conocer la palabra de Dios?

# 2
## Génesis 16; 18:1-15

### *Sara y Agar:*
### *Esperando que Dios actúe*

¿Piensas a veces que Dios necesita un poco de ayuda para cumplir sus promesas? Por ejemplo, ¿has confiado en la promesa de Dios de llenar tus necesidades y luego has tomado todo en tus propias manos, suponiendo que Dios quería que las llenaras a tu manera?

Una cosa es creer que Dios responde a tus oraciones y cumple su palabra; otra cosa es esperarlo. ¡Esperar es tan difícil! Creer mientras se espera es más difícil aún.

Dios les había hecho una promesa a Abraham y a Sara. Les dijo que bendeciría a todo el mundo a través de los hijos que les daría. Esperaron ansiosamente al principio. Pero, después de diez años de espera, su fe comenzó a decaer. ¿Cumpliría Dios su promesa? ¿Deberían tomar las cosas en sus propias manos? En este pasaje, aprendemos que los tiempos de Dios pueden ser muy distintos a los nuestros.

1   Proverbios 13:12 dice: "Esperanza frustrada, corazón afligido, pero el deseo cumplido es como un árbol de vida." ¿Cómo reaccionas cuando estás esperando algo, o cuando estás orando por algo y no ocurre?

2   Lee Génesis 16. A través de un período de dos décadas Dios fue

repitiendo su promesa de hacer de los descendientes de Abram una gran nación. ¿Cómo piensas que se sintió Sara, al pasar los años y no concebir ningún hijo?

**3** ¿Por qué Sara toma la situación en sus propias manos (vv 1-2)?

**4** Cuando Sara sugirió que Agar sea la madre substituta, estaba siguiendo una costumbre aceptada en esa cultura. ¿En qué momento se arrepiente de esa decisión (vv.4-5)?

➤ ¿Por qué nosotros, como Sara, le queremos echar la culpa a los demás de nuestras decisiones mal tomadas?

**5** ¿Qué aprendió Agar acerca de Dios en las luchas personales que tuvo durante su embarazo (vv. 7-14)?


**6** Teniendo en cuenta la posición que ocupaba Agar en la casa de Abram, ¿cuál sería el costo al obedecer las instrucciones del ángel?


**7** Trece años más tarde Dios se aparece nuevamente a Abram, le recuerda su promesa, le cambia el nombre de "Abram" por "Abraham", y el de "Sarai" por "Sara" (17:5, 15). Lee Génesis 18:1-15. ¿Hasta qué punto llega Dios para mostrarle a Abraham y a Sara la veracidad de su promesa?


**8** ¿Qué parece saber el Señor acerca de Sara (vv. 10-15)?

**9** ¿Qué tenía que aprender Sara acerca del Señor?

**10** ¿Qué características de Sara ves en ti misma?

**11** El hecho de saber que Dios conoce tus temores y pensamientos íntimos, ¿te produce consuelo o ansiedad? Explica.

**12** Génesis 21:1-7 contesta la pregunta que el Señor realiza en 18:14: "¿hay acaso algo tan difícil que el Señor no pueda hacer?"
   En esta cuestión de que Dios actúe en tu favor, te enfrentas ante dos elecciones y sus posibles consecuencias. ¿Cuáles son?

**13** Al concluir este estudio, pídele a Dios que te enseñe lo que debes aprender para tener un corazón que cree.

# 3
## Números 12

### María:
### Un espíritu crítico

¿Quién no ha tenido alguna vez una actitud crítica frente a otro y ha dicho en voz alta o hacia adentro "quién se cree que es"? Muchas veces no conocemos los detalles de las acciones de una persona, o no tenemos todos los datos. Un juicio apresurado sale de nuestra boca y no sólo nos dañamos a nosotros mismos sino que a veces dañamos la lealtad y el bienestar de los demás. Este pasaje nos advierte acerca del peligro de la crítica. Cuando los hijos de Israel salieron de Egipto, tenían poca noción de identidad nacional y no estaban acostumbrados a seguir a un líder. La tarea de Moisés no fue fácil. El necesitaba todo el apoyo que pudiera conseguir, y el pueblo necesitaba una reafirmación contínua de que él era el elegido por Dios para llevarlos a la Tierra Prometida. A veces, frente a privaciones y dificultades, esto parecía dudoso. Imagina cómo puede haber impactado a la confianza de Moisés y a la del pueblo, cuando sus propios familiares comenzaron a criticar su liderazgo.

1 ¿Qué hay, generalmente, detrás de un espíritu de crítica? (si es posible da ejemplos de tu propia vida).

**2**   Lee Números 12. ¿Cuáles son las dos críticas que hacen María y Aarón?

**3**   ¿Qué sugieren, con estas críticas, acerca de la actitud de Moisés?

➤ ¿En qué difiere la perspectiva de ellos, de la evaluación que Dios hace de Moisés?

**4**   Después de leer Exodo 2:1-8, 15:20-21 y Miqueas 6:4, ¿cómo definirías el rol de María en el éxodo del pueblo de Israel de Egipto?

**5**   El ataque de María y de Aarón a su hermano puede haber sido provocado al designar éste setenta ancianos sobre Israel (Números

11:16-17). ¿De qué manera puede haber afectado la posición (status) y los sentimientos de María la designación de los ancianos?

---

**6** ¿Cómo reaccionas cuando sientes que está amenazada tu posición o status?

---

**7** ¿Cómo responde el Señor a las críticas de María y de Aarón (12:4-10)?

---

**8** ¿Por qué crees que Dios llamó ante sí a los tres?

**9** ¿Qué aprendemos acerca de Aarón y Moisés, teniendo en cuenta su respuesta a este hecho impactante (vv. 10-13)?

**10** ¿Por qué crees que Dios castigó a María por siete días (vv.14-15)?

➢ ¿Por qué no castigó a Aarón de la misma forma?

**11** ¿Cómo te hace sentir el saber que Dios escucha (v.2) las críticas que le haces a los demás?

**12** ¿Por qué es especialmente peligrosa la crítica que se hace a los líderes espirituales?

**13** La mujer muchas veces tiene una especial intuición de las situaciones interpersonales. ¿Cómo nos advierte este estudio en cuanto a la forma en que esta intuición deberá ser utilizada?

# 4

## Josué 2; 6:15-25

# *Rahab:*
# *Una mujer de fe*

¿Te has sentido alguna vez como si estuvieras viviendo en territorio enemigo? Esta sensación hace que sea difícil mostrarnos tal cual somos. Hay gente que desea que nunca nadie sospeche de que es cristiana. Les cuesta identificarse con el pueblo de Dios. Si realmente nos diéramos cuenta de las consecuencias que trae el no hacerlo, esto nos daría el valor necesario para enfrentarlo. Pero, el factor más importante frente a cualquier peligro, es qué crees acerca de Dios. "Fe es la certeza de lo que esperamos, y la convicción de lo que no vemos".

Después de la muerte de Moisés, Dios le dijo a Josué que tomara de los enemigos de Dios la tierra de Canaán. Dios le dijo a Josué: "Sé fuerte y valiente, no temas ni te desanimes porque el Señor tu Dios estará contigo dondequiera que vayas". Las ciudades más importantes de Canaán eran en realidad pequeños reinos, cada uno bajo el poder de un rey local. El punto de la invasión estaba en las planicies de Moab, al otro lado del Jordán. Josué mandó un grupo de reconocimiento para investigar su primer blanco: la ciudad de Jericó.

Dios ya había preparado el corazón de una mujer en esa ciudad, quien se hizo famosa por sus buenas obras, su fe y su disposición para aliarse con el pueblo de Dios.

1   ¿Qué es lo que te impide dejar que los demás conozcan tu relación con Dios? Explica.

**2**   Lee Josué 2. ¿Por qué crees que los espías eligieron la casa de Rahab para albergarse?

**3**   ¿Con qué palabras describirías a Rahab?

**4**   ¿Por qué crees que Rahab arriesgó su vida por estos dos hombres?

**5**   ¿Qué riesgos has corrido tú para aliarte con el pueblo de Dios?

**6** ¿Qué creía Rahab acerca de Dios (vv.9-11)?

> ➢ ¿Cómo se relaciona lo que nosotros conocemos acerca de Dios con el arriesgarnos por nuestra fe?

**7** ¿Es una prueba de su fe el acuerdo que Rahab hizo con aquellos hombres? ¿Por qué?

**8** Lee Josué 6:15-25. ¿Cuáles fueron los pasos que dieron para cumplir el juramento realizado a Rahab?

> ➢ ¿De qué forma estaba en prueba la reputación de Dios?

**9** Lee lo que dice acerca de Rahab en Hebreos 11:31 y Santiago 2:25. De todas las mujeres del Antiguo Testamento, ¿por qué crees que ella es elegida para este comentario especial?

**10** También se la menciona a Rahab en Mateo 1:5. ¿Cuales fueron las consecuencias a largo plazo de la decisión de Rahab de aliarse con el pueblo de Dios?

**11** ¿Qué tipo de persona puede utilizar Dios para cumplir sus propósitos? ¿Cómo se puede aplicar esto a tu vida?

**12** ¿Qué consecuencias a largo plazo (o potencialmente a largo plazo) has visto en tu vida que surgieron de arriesgarte a poner en primer lugar a Dios?

# 5
## Rut 1-2

## *Rut:*
## *El costo de la lealtad*

U n estudiante universitario, luego de leer "El Señor de los anillos" le escribió a Tolkien, el autor del libro: "Has hecho que la lealtad y la valentía tengan más significado para mí". En esta época, no se le da mucho auge a la lealtad. Está presente en la vida de muchos, pero no se le da la misma importancia que años atrás, en que la gente firmaba al pie de una carta "tu fiel amigo".

El libro de Rut es una historia sencilla acerca del costo y valor de la lealtad. Transcurre en el período de los jueces (alrededor de 1380-1050 a.C.) que fueron días oscuros y turbulentos para Israel. Permite dar un vistazo dentro de la vida de personas comunes y corrientes, quienes muestran entre sí un cariño y una lealtad que reflejan el caracter de Dios.

1    ¿Cómo definirías la lealtad?

➤ ¿Qué es lo que dificulta ser leal a otra persona?

**2** Lee Rut 1. ¿Cómo fue que Rut, siendo moabita, contrajo matrimonio en la familia de Noemí?

**3** ¿Qué dificultades pudo haber enfrentado Rut en este matrimonio entre dos culturas diferentes?

**4** ¿Cómo difiere la relación que tiene Noemí con Rut de la relación que tiene con Orfa?

**5** ¿Cuáles son las consecuencias prácticas de la decisión que hizo Rut, en contraste con las de la elección que hizo Orfa?

**6** ¿Qué evidencia encuentras de que la decisión de Rut encierra más que un simple afecto por Noemí?

➤ ¿Has hecho algunas elecciones similares a la de Rut?

**7** Lee Rut 2. Noemí y Rut llegan a Belén en la época de la cosecha de cebada (1:22). ¿Qué nos muestra acerca de Rut su disposición para trabajar recogiendo espigas?

**8** ¿Cuál es su reputación en los campos de cebada?

**9** ¿Cómo difiere el respeto que tiene Booz de Rut y de su posición en Israel (2:11-13), del concepto que tiene Rut de sí misma?

**10** Ponte en el lugar de Rut. ¿Cómo te sentirías de ser extranjera y tener que trabajar duramente para mantener a tu suegra?

**11** ¿Cuál sería la motivación de Rut para su duro trabajo y su lealtad a Noemí?

➢ ¿Qué te motiva a ti a ser leal?

**12** ¿Cuáles son las cosas a las que, como cristiana, piensas que debes ser leal, sea cual sea el costo?

(Este estudio no cubre la historia completa. El próximo, que trata acerca de Noemí, cuenta el resto de la historia).

# 6
## Rut 3-4

## *Noemí:*
## *Tristeza consumida por gozo*

**L**a vida es como una piedra de afilar. Si nos desgrana o nos pule dependerá de la sustancia de la cual estamos hechos. También tiene que ver con nuestra visión de Dios. Algunas personas parecen recibir más golpes que otras en la vida, y si dices "eso no es justo", probablemente estés en lo cierto. La vida no es siempre justa. Pero, la pregunta es, ¿está Dios en control aún de las circunstancias más duras? Si lo está, entonces significa que él puede cambiar la amargura de esas duras experiencias.

Noemí es un caso patente de una vida llena de dificultades. Su familia tuvo que refugiarse en una tierra extraña, en un momento en que el hambre dominaba la tierra. Allí perdió a su esposo. Sus dos hijos también murieron. Ahora pareciera ser que tiene poco futuro, nada más que una vejez solitaria. A pesar de las desgracias de Noemí, la insistencia de Rut de volver con ella es una gran muestra del cuidado de Dios. De a poco, Noemí se da cuenta que Dios provee para ella y para Rut en formas que ni se habría imaginado. En estos dos capítulos, vemos cómo la amargura de Noemí se convierte en gozo.

---

**1**  ¿Te ha pasado alguna vez que has tenido que soportar tantas cosas duras que creías que nunca más ibas a ser felíz? Explica.

**2** El nombre Noemí significa "agradable". ¿Por qué quiere cambiarse de nombre al regresar a Belén (1:20-21)?

**3** Un pariente-redentor era el responsable de proteger los intereses de sus parientes cercanos. ¿Qué nueva esperanza nace en Noemí como resultado del trabajo de Rut (2:20)?

**4** Lee Rut 3-4. ¿Cómo planifica Noemí el futuro de Rut?

**5** "Quiero que extiendas sobre mí el borde de tu manto" era un pedido de matrimonio. ¿Por qué podría ser riesgoso este plan?

**6**  ¿Cuál es la opinión que tiene Noemí del carácter de Booz?

➤ ¿Cómo evaluarías tú a Booz, teniendo en cuenta sus acciones en estos dos capítulos?

**7**  ¿Qué gana Noemí de la transacción que se lleva a cabo?

**8**  ¿Qué significado tiene para Noemí el nacimiento de Obed (vv. 15-17)?

**9**  ¿Cuál fue el punto clave en la vida de Noemí entre la amargura que expresó al regresar a Belén (1:20) y el gozo que siente al final de la historia (4:16)?


---

**10** ¿En qué forma Dios nos proveyó a nosotros de un "pariente-redentor"?


➤ ¿Qué herencia nos dejó?


---

**11** El hijo de Rut fue un ancestro del Rey David. A pesar de ser del pueblo de los gentiles, Rut es mencionada en la genealogía de Jesús en Mateo 1:5. ¿Qué aprendes de Dios, teniendo en cuenta las formas asombrosas en que bendijo a Noemí después de todas sus tragedias?

**12** ¿De qué manera Dios te ha mostrado su fidelidad, y ha cambiado tu tristeza en gozo?

# 7

## 1 Samuel 1:1-2:11.

## *Ana:*
## *Del dolor a la alabanza*

**U**na de las cosas que más nos cuesta es esperar. Gran parte de nuestra vida la pasamos solamente esperando; y en esta época de productos instantáneos, esperar nos irrita. Pero es aun más difícil esperar cuando vemos correr las agujas del reloj, vemos pasar los años y todavía siguen sin cumplirse nuestras esperanzas y sueños.

Ana sabía lo que era esperar. Ella era estéril, estando en una sociedad que medía el valor de la mujer por sus hijos. Año tras año, ella esperó con dolor la respuesta a sus oraciones. Tenía dos opciones: amargarse, o seguir buscando la ayuda de Dios. Este estudio nos muestra el trayecto que hace Ana desde el dolor hasta la alabanza.

**1** ¿Cómo reaccionas —físicamente, emocionalmente, espiritualmente— cuando pasan los años y no se concretan tus deseos más profundos?

**2** Lee 1 Samuel 1. ¿Por qué es tan intenso el dolor de Ana (vv. 2-7)?

**3**  En su desesperación, Ana se vuelve a Dios. ¿Qué nos revela acerca de Ana su oración (vv. 9-11)?

**4**  Cuando te produce amargura una desilusión, ¿a quién (o a qué) te vuelves?

➤  ¿Cuáles son tus expectativas?

**5**  Así como la reacción de Ana revela interiormente su persona, ¿qué revela acerca de nosotros mismos nuestra propia reacción frente al dolor y la desilusión?

**6**  ¿De qué manera las acciones siguientes de Ana muestran su certeza de que su hijo era un regalo de Dios?

**7** Lee 1 Samuel 2:1-11. ¿Qué cambio ves en el objetivo de Ana entre el capítulo 1 y el capítulo 2?

➤ ¿Qué lo ocasionó?

**8** ¿Qué cree Ana acerca de Dios? (Busca varias creencias bien definidas).

**9** ¿Cuáles de las creencias de Ana acerca de Dios son también tuyas? Explica.

**10** ¿Cómo definirías lo que hace Ana en 2:1-10?

➤ ¿Cuál es el origen de su gozo?

---

**11** ¿Qué cosas específicas puedes aprender de Ana referente a la solución para el dolor de anhelos que no se cumplen?

---

**12** ¿Qué dirías de Ana si se la estuvieras describiendo a una amiga tuya? ¿Qué dirías acerca de sus dones? ¿Acerca de su vida espiritual?

---

**13** La canción de alabanza que hizo Ana llegó a formar parte de la tradición. La canción de María en Lucas 1:46-55 tiene similitud a las palabras inspiradas de Ana. Trata de escribir tu propia canción de alabanza, diciéndole a Dios qué crees acerca de él.

# 8

## 1 Samuel 25:2-44

### *Abigail:*
### *Una mujer sensata*

¿Cómo actúas en momentos de crisis? La salida más fácil es esperar que actúe otro. Hace falta ser valiente para creer que lo que nosotros hagamos solucionará la crisis.

La heroína de este estudio es una mujer llamada Abigail, cuyo esposo adinerado es un necio. (La narración bíblica no ahorra palabras.) A pesar de las restricciones culturales de su época, Abigail obra con valentía e inteligencia y evita una masacre.

---

1  ¿Cómo definirías un necio?

---

2  Lee 1 Samuel 25:2-44. Al comenzar esta narración, ¿cuál es la situación de vida de sus personajes principales?

**3** Basada en los datos que proporciona la historia, ¿crees que es razonable lo que le pide David a Nabal? ¿Por qué?

**4** ¿Cómo difiere la información que tiene Nabal acerca de David de la información que tienen los sirvientes y Abigail?

**5** ¿Qué concepto tienen los sirvientes de Abigail (vv. 14-17)?

**6** ¿Cómo demuestra Abigail ser una mujer llena de recursos (18-31)?

➤ ¿Cuáles son los riesgos que ella corre?

**7** ¿Cómo puedes darte cuenta cuándo debes ser la responsable de salvar a otros de su propia necedad? Explica.

**8** ¿Hasta dónde entiende Abigail el plan que tiene Dios para la vida de David (vv. 28-31)?

**9** ¿Qué frases y qué palabras elegidas por ella demuestran la inteligencia y persuación de Abigail?

**10** ¿A quién salva Abigail por su acción?

**11** ¿Qué ingredientes serán necesarios para una acción valiente en situaciones de crisis?

**12** Piensa en alguna crisis que tú, o que alguien cercano a ti está enfrentando. ¿Qué cosas logras comprender acerca de esa crisis?


➤ En base a esa comprensión, ¿qué situaciones exigen una acción valiente?

# 9

## 2 Reyes 4:8-36.

## *La mujer sunamita:*
## *Tomando la iniciativa*

Yo pensé que seguramente sería un cristiano, cuando me llevó a su casa para cenar y luego pasar la noche allí" comentó un becario chino, al contar cómo una persona desconocida en el aeropuerto le había ofrecido hospitalidad al encontrarse él en apuros. La hospitalidad es una característica muy alabada en la Biblia. Dios es hospedador y quiere que sus hijos también lo sean.

En esta historia, una mujer recibe en su casa al "hombre de Dios" y es recompensada por hacerlo... o así parece ser, hasta el día en que muere su hijo. La iniciativa que ella muestra al ofrecer hospitalidad la lleva a una fe más profunda, a esperar que Dios va a obrar a su favor. Su fe y valentía además de su generosidad, son un modelo para nosotros.

1 ¿Cuáles son los ingredientes de la hospitalidad?

2 Lee 2 Reyes 4:8-36. En base a esta historia, ¿qué se conoce acerca de las circunstancias de vida de la mujer sunamita?

**3**  ¿Por qué utilizó la mujer sus propios recursos para ayudar a Eliseo?

➤ Para Eliseo y su siervo, ¿qué significado habrá tenido la generosidad que ella puso de manifiesta?

**4**  Haz una comparación con la forma en que utilizas tus propios recursos. ¿Cómo puedes mostrar hospitalidad aun con recursos limitados?

**5**  ¿Qué significado habrá tenido para la mujer Sunamita que Eliseo se preocupara de sus necesidades (vv. 12-14)?

➤ ¿Por qué no le pidió ella lo que el sirviente finalmente le sugirió a Eliseo (v.14)?

**6** Después que le fue dado un hijo, y luego de criarlo hasta que llegó a ser un muchacho, la mujer enfrenta una pérdida terrible (vv.18-20). ¿Cómo reacciona ella ante la muerte de su hijo (vv. 21-30)?

**7** ¿Cómo explicas la acusación indirecta o implícita que le hace la mujer a Eliseo (v. 28)?

**8** ¿Alguna vez has dirigido "palabras acusadoras" como éstas a Dios o a los demás? ¿En qué circunstancias?

**9** ¿Cuál es la firme decisión que hace la mujer ante la muerte de su hijo?

➤ ¿Qué otra alternativa podría haber elegido?

10 ¿Cuáles son tus opciones ante un problema grave?

11 ¿Por qué es importante que construyamos una base de fe y confianza en Dios antes de que nos lleguen momentos de crisis?

12 Nos encontramos otra vez con la mujer Sunamita en 2 Reyes 8:1-6, al confirmar ella el ministerio de Eliseo. Así como lo hizo la mujer, ¿qué puedes decir acerca de las obras maravillosas de Dios a tu favor?

# 10
## Ester 2-4

### Ester:
### Cautiva en una tierra extraña

Es común que se discuta en artículos de revistas o en programas de T.V. los efectos emocionales producidos al vivir en familias trastornadas en la sociedad actual. Cada vez hay más personas que tienen que comenzar su vida con alguna desventaja. Esto suele ser un problema grave, más aún si se proviene de familias como las que mencionamos antes. Pero, para una cultura como la nuestra, tan atada a la psicología, a veces puede llegar a ser una excusa para el mal comportamiento. Podemos elegir ser víctimas de nuestras circunstancias.

Ester es una joven mujer que realmente está en una situación muy desventajada. Pero es una mujer que tiene fuerza interior. Ella va más allá de solamente hacerle frente a la situación. No tenemos idea de cuántas lágrimas ha derramado, pero aprovecha al máximo las circunstancias en que se encuentra.

1   ¿Qué factores en tu vida están fuera de tu control?


➢ ¿Cómo te afecta eso?

**2**   Lee Ester 2-3. ¿Qué factores en la vida de Ester estaban fuera de su control?

➢ ¿Qué cosas sí estaban bajo su control?

**3**   ¿Qué posibilidades tenían las mujeres elegidas por el funcionario del rey?

**4**   ¿Qué detalles de la historia te ayudan a comprender el carácter de Mardoqueo?

**5** Lee Ester 4. ¿Cómo manejó Mardoqueo esta afrenta contra los Judíos (vv. 1-4, 7-8, 12-14, 17)?


**6** ¿Qué comprensión filosófica/teológica hay detrás del pedido que Mardoqueo le hace a Ester?


**7** ¿Cuáles son los tres argumentos que utiliza para persuadir a Ester, de modo que ella actúe? (vv. 13-14).


**8** Cuando aparecen circunstancias amenazadoras, ¿te es difícil creer que Dios está obrando detrás de cada escena? Explica.

**9** Aunque Ester no menciona a Dios, ¿de qué manera su respuesta llega a ser una confesión de fe (vv. 15-16)?

**10** Echando un vistazo a lo que vimos hasta ahora, explica, ¿de qué forma Ester se sobrepone a sus circunstancias?

**11** ¿Qué haces cuando las circunstancias te atrapan?

➢ ¿Qué opciones tienes?

**12** ¿Crees que tu vida está segura en las manos de Dios, de modo que puedes actuar aun en la presencia de peligro? ¿Por qué?

# II

## Ester 5:1-8; 7-8

## *Ester:*
## *Valentía para actuar*

Todas las grandes anécdotas de la historia tratan de virtudes tales como la lealtad, el honor, o la valentía personificadas en la vida de alguien, en circunstancias tales que, gracias a ella, se resuelve alguna situación.

Aprendemos el significado del honor, la lealtad o la valentía, cuando los vemos practicados por alguna persona. En ese momento nos damos cuenta que es posible dejar a un lado el miedo y tomar las medidas adecuadas, aun cuando el resultado no sea muy seguro. Desde el punto de vista histórico, la valentía que tuvo Ester al obrar, salvó una nación. A nivel más personal, su valentía se convierte en un modelo para nosotros. Las circunstancias que ella vivió parecen ser las de un libro de cuentos (las mil y una noches), pero la decisión que tomó de arriesgarse para hacer lo correcto es el tipo de decisión que cualquiera puede tomar.

1   ¿Qué es la valentía? ¿Cuándo la necesitas?

2   Lee Ester 5:1-8. Imagina que eres Ester. ¿Qué pensamientos

pasarían por tu mente al estar parada en el patio interno del palacio?

---

**3** Frente a las ofertas extravagantes del rey, ¿por qué habrá planeado Ester un banquete tras otro?

---

**4** Lee Ester 7 y 8. ¿Qué psicología utilizó Ester al realizarle al rey el doble pedido? (7:3-4).

---

**5** ¿Cómo se atreve Ester a ser tan osada como para nombrar al enemigo de los judíos? (7:6).

**6** ¿Cuál es la ironía que se ve en cómo terminó Amán y el ascenso de Mardoqueo en la corte del rey?

➤ Estos sucesos hacen resaltar un principio que se puede aplicar a nuestra vida. ¿Cuál es?

**7** ¿Por qué el destino de los judíos todavía dependía de la reputación que tuviese Ester frente al rey? (8:3-6).

**8** ¿Alguna vez has actuado más allá de tus intereses para que los privilegios grandes fueran extendidos a otros? Explica.

**9** ¿Cómo muestra el rey su confianza en Ester (8:7-8)?

➢ Si te pidieran que escribas un decreto en contra de tus enemigos, ¿se podría confiar en que serías justa? ¿Por que?

---

**10** Toda historia heroica podría ser drásticamente modificada si introdujéramos los términos "qué pasaría si..." Sugiera una alternativa de "qué pasaría si..." e incluye sus consecuencias para esta historia.

➢ De la escena que has elegido, ¿qué cosas podrías aplicar a tu propia vida?

# 12

**Proverbios 31:10-31**

## *La mujer modelo:*
## *Un retrato de excelencia*

**H**asta el momento de la industrialización, el trabajo, como tal, no estaba dividido en forma rígida entre el hogar y el lugar de trabajo, ni para el hombre ni para la mujer. Se daba por sentado el concepto de sociedad en el matrimonio. Ahora, en nuestro mundo cambiante, el tema del rol de la mujer casada es muy discutido. Es un tema que confunde.

Algunos dicen que la mujer debería ocuparse principalmente de su hogar. Pero muchas mujeres sufren de una muy baja autoestima, que se trasluce cuando dicen "soy solamente una ama de casa". Se sienten atrapadas en un rol rígido. Aun en el tema del parentesco, un número cada vez más grande de mujeres está permitiendo que otros críen sus hijos, a fin de buscar más significado a su vida fuera de sus hogares.

Sin embargo, los hogares tienen que ser atendidos y los niños alimentados. ¿Qué le da significado a la vida? Algunas mujeres que han tenido éxito en el mundo de los negocios, luego se dan cuenta que no han encontrado ese significado como ellas esperaban, y están volviendo a elegir opciones que den un lugar más prominente al hogar y a la familia.

Es un buen momento para comentar una descripción que hace el antiguo testamento de la mujer ideal. Su vida es sorprendentemente amplia y satisfactoria. Nos ayudará a repensar nuestros valores.

---

**1** Si tuvieras que escribir la descripción de una esposa ideal, ¿qué pondrías?

**2** Lee proverbios 31:10-31. ¿Cuál es tu primera impresión de esta mujer?

**3** ¿Qué cualidades son las más mencionadas?

**4** ¿Cuáles son las responsabilidades de esta mujer?

➤ ¿Cuál es el espectro de su influencia?

**5** Piensa en alguien que conozcas que sea como esta mujer. ¿En que formas las dos son parecidas, y en qué forma diferentes?

**6**  ¿Con qué recursos trabaja esta mujer?

**7**  ¿Cómo se compara la reputación que tiene esta mujer con la de su esposo?

**8**  ¿Cómo describirías la relación que tiene esta mujer con su esposo y con su familia?

**9**  ¿Cuál es el secreto de esta vida tan merecedora de alabanza?

**10** ¿Será el éxito de esta mujer una regla para toda mujer casada? ¿Para ti? ¿Por qué?

**11** ¿Qué importancia tiene el trabajo, en hacer que la vida tenga sentido? Explica.

**12** ¿Cual es la inversión duradera de esta mujer?

➢ ¿Cuál es la tuya?

**13** Al final de tu vida, ¿qué quisieras que la gente diga de ti?

# Cómo obtener el máximo beneficio de esta serie de estudios

**C**oordinar una discusión puede ser una experiencia agradable y gratificante. Pero también puede dar miedo... especialmente si nunca lo has hecho. Si te sientes así, estás bien acompañada. Cuando Dios pidió a Moisés que guiara a los Israelitas fuera de Egipto, éste respondió: "¡Ay, Señor, por favor, envía a alguna otra persona!" (Ex 4:13).

Cuando Salomón llegó a ser rey de Israel, sintió que la tarea superaba holgadamente sus capacidades: "...soy un muchacho joven y sin experiencia... ¿quién hay capaz de gobernar a este pueblo tuyo tan numeroso?"

Cuando Dios llamó a Jeremías a ser su profeta, le respondió: "¡Ay, Señor! ¡Yo soy muy joven y no sé hablar!" (Jr 1:6)

Y la lista sigue. Los apóstoles eran hombres "sin estudios ni cultura" (Hch 4:13). Timoteo era joven, delicado y temeroso. La "espina clavada en el cuerpo" de Pablo lo hacía sentirse débil. Pero la respuesta de Dios a todos sus siervos —incluyéndote a ti— es esencialmente la misma: "Mi amor es todo lo que necesitas". Relájate. Dios ayudó a estas personas a pesar de sus debilidades, y puede ayudarte a tí a pesar de que te sientas incapaz.

Hay otra razón por la cual debes sentirte animado. Coordinar una discusión bíblica no es difícil si sigues ciertas pautas. No tienes que ser erudita en la Biblia o un maestro recibido. Las sugerencias que siguen deben capacitarte para cumplir tu papel de líder con eficacia y satisfacción.

### *Preparándose para dirigir*

1. Pide a Dios que te ayude a comprender el pasaje y aplicarlo a tu propia vida. Si esto no sucede, no estarás preparado para dirigir a otros. Ora también por los diferentes miembros del grupo. Pide a Dios que les dé un tiempo agradable y provechoso juntos en el estudio de su Palabra.

2. Al comenzar cada estudio, lee y relee el pasaje bíblico

asignado para familiarizarte con lo que dice el autor. En el caso del estudio de un libro, quizás debas leer todo el libro antes del primer estudio. Así tendrás un vistazo global de su contenido.

3. Este estudio se basa principalmente en la versión Reina-Valera de la Biblia, pero no depende directamente de ninguna. Conviene que usen todos la misma traducción, pero también tener a mano otras versiones como referencia.

4. Con atención, contesta cada pregunta del estudio. Pasa tiempo en la meditación y reflexión al formular tus respuestas.

5. Escribe tus respuestas en el espacio provisto en la guía de estudio. Esto te ayudará a expresar tu comprensión del pasaje con claridad.

6. Te puede ser útil tener a mano un diccionario de la Biblia. Usalo para buscar palabras desconocidas, nombres o lugares.

7. Una vez que hayas terminado tu propio estudio del pasaje, conviene familiarizarte con las notas para el coordinador que puedan acompañar el estudio. Normalmente, éstas están diseñadas para ayudarte de varias maneras. Primero, te aclaran el propósito que el autor tenía en mente mientras escribía el estudio. Toma tiempo analizando cómo las preguntas del estudio trabajan en conjunto para cumplir ese propósito. Segundo, a menudo las notas te proveen información adicional de trasfondo, o comentarios sobre algunas preguntas. Esta información puede ser útil en el caso de que el grupo tenga problemas en comprender alguna pregunta. Tercero, las notas te pueden advertir de posibles problemas que quizás encuentres durante el estudio.

8. Si deseas recordar alguna cosa mencionada en las notas para el coordinador, conviene anotarlo junto con tu respuesta en el cuaderno de estudio.

### *Dirigiendo el estudio*

1. Comienza el estudio a la hora prevista. A menos que estés dirigiendo un estudio evangelístico, comienza con oración, pidiendo a Dios que les ayude a comprender y aplicar el pasaje.

2. Asegúrate que todos los miembros del grupo tengan una guía de estudio. Anímalos a prepararse de antemano para cada encuentro, respondiendo a las preguntas de la guía.

3. Al comenzar su primer estudio juntos, explícales que están hechos para promover discusiones, no exposiciones. Anima a los miembros del grupo a participar. Sin embargo, no presiones a los que no se deciden a hablar durante las primeras sesiones.

4. Lee el párrafo introductorio (si lo hay) al principio del estudio. Esto orientará al grupo en cuanto al pasaje a estudiar.

5. Lee el pasaje en voz alta, si no es más de un capítulo. Puedes elegir hacerlo personalmente, o puede leer otra persona, si se lo has pedido con anterioridad al estudio. Se pueden leer pasajes más largos en porciones repartidas durante el estudio. Ciertos estudios pueden cubrir varios capítulos. En tales casos, la lectura en voz alta probablemente tomaría demasiado tiempo, y los miembros del grupo deberán leer los pasajes asignados antes del estudio.

6. Al comenzar a hacer las preguntas, debes recordar varias cosas. Primero, que están diseñadas para ser utilizadas tal como están escritas. Si prefieres, simplemente puedes leerlas en voz alta para el grupo. O puede ser que la expreses en tus propias palabras. De todos modos, no se recomienda la modificación innecesaria de las preguntas.

En segundo lugar, la intención de las preguntas es guiar al grupo hacia la comprensión y aplicación de la "idea principal" del pasaje. El autor de la guía ha expresado su concepto de esta idea principal en el "propósito" del estudio, o en las notas para el coordinador. Debes intentar comprender cómo el pasaje expresa esta idea, y cómo las preguntas del estudio trabajan en conjunto para guiar al grupo en esa dirección.

Puede haber ocasiones en que sea apropiado desviarse de la guia. Por ejemplo, en el caso de que ya se haya contestado la pregunta. Si es así, prosigue con la próxima pregunta. O alguna persona puede plantear una pregunta importante que no se encuentre en la guía. ¡Tomen tiempo para conversar sobre ella! Lo importante es ser discreto. Puede haber muchos caminos a seguir que los llevarían a la meta del estudio. Pero el camino más fácil normalmente es el sugerido por el autor.

7. Trata de no responder a tus propias preguntas. Si es necesario, puedes repetirlas, o decirlas de otra manera, hasta que se las entienda claramente. Un grupo despierto rápidamente se torna pasivo y callado si piensa que el coordinador tomará siempre la palabra.

8. No tengas miedo del silencio. Las personas pueden necesitar tiempo para pensar sobre la pregunta antes de formular sus respuestas.

9. No te conformes con una sola respuesta. Pregunta, "¿Qué piensan los demás?", o "¿Hay algo más?" hasta que varias personas hayan respondido a la pregunta.

10. Reconoce toda contribución. Trata de ser siempre afirmativo. Nunca debes rechazar una respuesta. Si obviamente está errado, pregunta, "¿Algún versículo te llevó a esa conclusión?" o de nuevo, "¿Qué piensan los demás?"

11. No esperes que todas las respuestas sean dirigidas a ti, aunque probablemente será así en un principio. Cuando los miembros del grupo comienzan a sentirse más cómodos, empezarán a relacionarse realmente entre sí. Esta es una indicación de un estudio saludable.

12. No tengas miedo de la controversia. Puede ser muy estimulante. Si no puedes resolver totalmente un tema, no debes sentirte frustrado. Sigue adelante y ten en mente el tema para el futuro. Un estudio posterior puede resolver el problema.

13. Controle que no se salgan del pasaje en estudio. Debe ser la fuente para responder a las preguntas. Desanima al grupo el ir buscando otras referencias innecesariamente. De la misma manera, deben seguir el tema evitando irse por las ramas.

14. Cada tanto haz un resumen de lo que el grupo ha dicho acerca del pasaje. Esto ayuda a unir las diferentes ideas expresadas, y da continuidad al estudio. Pero no debes predicar.

15. Concluyan su tiempo juntos con la oración, entre varios miembros del grupo. Estén seguros de pedir la ayuda de Dios para aplicar aquellas cosas que han aprendido en el estudio.

16. Termina dentro de la hora señalada.

Se pueden encontrar más sugerencias y ayudas en la guía Curso para guías de estudio (Ediciones Crecimiento Cristiano). Leer y estudiar este curso sería una buena inversión de tiempo.

## *Los componentes de grupos pequeños*

Un grupo pequeño, saludable, debería hacer más que estudiar la Biblia. Hay cuatro aspectos que debes tomar en cuenta mientras piensas en cómo organizar su tiempo juntos.

Nutrición. Ser miembro de un grupo pequeño debe ser una experiencia nutriente y edificante. Se debe crecer en el conocimiento y amor hacia Dios y hacia los otros. Si hemos de amar a Dios debidamente, necesitamos conocer y guardar sus mandamientos (Jn 14:15). Es por esta razón que el estudio bíblico debe ser una parte funcional de un pequeño grupo. Pero hay otras cosas que nos pueden nutrir. Pueden memorizar las Escrituras, leer y discutir un libro, o a veces escuchar la grabación de un buen orador.

Comunidad. La mayoría de las personas necesitan amistades

íntimas. Su grupo pequeño puede ser un lugar excelente para cultivar tales relaciones. Permite un tiempo para la interacción informal antes y después del estudio. Tengan un tiempo para compartir cosas personales durante la reunión. Hagan cosas divertidas juntos como grupo, como una cena a la canasta, o un picnic. Pide a alquien que traiga algo para un refrigerio durante la reunión. ¡Sé creativo!

Adoración. Pueden pasar una parte de su tiempo juntos en adoración y oración. Alaben juntos a Dios por quien es. Denle gracias por lo que ha hecho y está haciendo en sus vidas y en el mundo. Oren por las necesidades de cada uno. Pidan ayuda a Dios para aplicar lo que están aprendiendo. Canten himnos juntos.

Misión. Muchos grupos pequeños deciden trabajar en alguna forma de extensión. Esta puede ser una manera práctica de aplicar lo que están aprendiendo. Pueden organizar una serie de discusiones evangelísticas para sus amigos o vecinos, visitar un hogar de ancianos, ayudar a una viuda con la limpieza o reparaciones de su casa. Tales proyectos pueden tener una influencia transformadora en tu grupo.

La mujer modelo:                    63

www.ingramcontent.com/pod-product-compliance
Lightning Source LLC
Chambersburg PA
CBHW060721030426
42337CB00017B/2948